रत्नगर्भ

रत्नगर्भ

नागार्जुन

वाणी प्रकाशन

प्रकाशन के उत्कृष्टतम 61 वर्ष

vaniprakashan.com

सजिल्द पहला संस्करण : 1984
सजिल्द दूसरा संस्करण : 2024

वाणी प्रकाशन

4695, 21-ए, दरियागंज, नयी दिल्ली-110 002

फ़ोन : +91 11 23273167, 23275710

शाखाएँ

अशोक राजपथ, पटना-800 004, बिहार

कॉफ़ी हाउस कैम्पस, महात्मा गांधी मार्ग, प्रयागराज-211 001, उत्तर प्रदेश

महात्मा गांधी अन्तरराष्ट्रीय हिन्दी विश्वविद्यालय, वर्धा-442 001, महाराष्ट्र

sales@vaniprakashan.in
vaniprakashan@gmail.com

Ratngarbha
by Nagarjun

ISBN : 978-93-6287-938-7
Poetry Collection

मूल्य : ₹ 295

जी.एस. ऑफ़सेट द्वारा दिल्ली-110 095 में मुद्रित

वाणी प्रकाशन का लोगो मक़बूल फ़िदा हुसेन की कूची से

संकलन में मात्र आठ लम्बी रचनाएँ संगृहीत हैं। सभी कविताएँ समय-समय पर ज्ञानोदय, कहानी, सरस्वती, जनवाणी, धर्मदूत आदि में छपी हैं।

प्रस्तुत कतिपय अंश काव्यों के पृथक-पृथक अंश रहे होंगे। इनका प्रकाशन बहुत पहले हुआ था, जैसा कि कालक्रम से प्रतीत होता है।

पाठ-भेद और अपूर्णता सम्बन्धी त्रुटियाँ—लाचारी हैं हमारी।

—शोभाकान्त

क्रम

महाभिनिष्क्रमण से पूर्व

कि इतने में आ पहुँचा एक
वृद्ध ब्राह्मण, लकुटी वह टेक
उठाकर कंपित दहिना हाथ
लगा कहने, जय हो गणराज
नंदिनवर्धन लिच्छविकुल केतु !
सुखी हो दोनों, हो अतिदीर्घ
वीरवर वर्धमान की आयु
सुधीजन का मानस जलजात
कहाँ है अनुज तुम्हारा तात ?
स्पर्श कर उसका मस्तक आज
चाहता देना आशीर्वाद
छू चुकी है अब मेरी आयु
वत्स, जीवन का अन्तिम छोर
सकूँगा देख न, कर लूँ स्पर्श
ज्योति पाये आँखों की कोर
याद आता रह रह छविमान
सुरक्षित चम्पक-तरु-उपमान

स्नेह विह्वल सुन द्विज की बात
हो गया द्रवित वीर का चित्त
उठीं आँखें अग्रज की ओर
मिला तत्क्षण इंगित अनुकूल
बढ़े सुकुमार सँभाल दुकूल
सिंह गति से आकर नजदीक
कुब्ज कंधे पर रखकर हाथ
कहा, यह लो, मैं आया तात
स्पर्श में है क्या ऐसी बात !

म्लान पंकज के दल की भाँति
विप्र के होठों की वह कांति
हो उठी थी भास्वर क्षण मात्र
हो उठा था पुलकित कृश गात्र
टेक लकुटी पर दोनों हाथ
और हाथों पर ठोड़ी टेक
रहा गुम थोड़ी देर विवेक
बुढ़ापा खड़ा रहा साकार
स्वयं जाने क्या चीज निहार

सभी चुप थे, सब थे निःस्तब्ध
धरा थी मौन, गगन था मौन
प्रकृति थी स्तमित, बोलता कौन
वृद्ध ब्राह्मण का भावावेश
बन गया सहसा अश्रु-प्रवाह
धँसी गालों की सीमा लाँघ
गिरी भू पर बूँदों की माल

तोड़कर फिर वज्रोपम मौन
वीरवर बोले : मत रोओ विप्र
बता दो आखिर क्या है बात ?
तोड़कर क्यों धीरज का बाँध
हुआ है प्रकट तरल आवेग ?
कौन सी व्यथा, कौन सा खेद
रहे हैं तुमको तात कुरेद ?
लतापत्रांकित पट-परिधान
रहा था कंधे पर से झूल
उठाकर उसका छोर कुमार
पोंछने लगे विप्र के नेत्र
स्नेह पाकर, होकर आश्वस्त
वीर के सिर पर धर कर हाथ
उठाकर ऊपर धुँधली दृष्टि

लटकती भौंहों पर बल डाल
वृद्ध बोला, कुछ क्षण उपरान्त :

तात, देखा है मैंने स्वप्न
कि तुम निकले हो सब कुछ छोड़
स्वजन-परिजन से नाता तोड़
हुए हो बिलकुल बे-घर-बार
जन्म औ, मृत्यु जरा औ' रोग
अविद्या, भव, तृष्णा अज्ञान
सभी को कर डाला निर्मूल
नहीं है शूल, नहीं है फूल
किया है तप ऐसा घनघोर
कि यश फैला है चारों ओर
परे करके सुख-सुविधा-भोग
शरण आए हैं लाखों लोग

तात, देखा है मैंने स्वप्न
कि ऐरावत पर चढ़ आए देवेन्द्र
गगन से उतरा है चुपचाप
तुम्हारे पास पहुँचकर आप
परिक्रमाएँ की हैं दो-तीन
उतरासंग एकांस लिए—
वन्दना की है घुटने टेक
और फिर तेरे सिर पर वत्स
तान डाला है अपना छत्र
(अ कर्णिक कांचनमय शतपत्र
रहा ज्यों नभ में उलटा झूल)
किंतु तुम शांत दांत अ-विकार
रहे पहले की भाँति निहार
अचंचल हैं दृग, थिर हैं ठोर
न उठती है किंचित हिलकोर
देख आकृति निःस्पृह निरपेक्ष

इन्द्र को होता है आश्चर्य
लौट जाता है वह तत्काल
धरा फटती गिरता है वज्र
दिशाओं से उठते तूफान
किंतु तुम लोकाचल के तुल्य
डटे हो अडिग अटल अविकंप
स्वप्न देखा है पिछली रात
बताओ यह सब क्या है तात ?

नहीं सुन सके, उठे तत्काल
नंदिवर्धन को दिखा अनिष्ट
कुँवर से कहा पकड़कर हाथ :
तात, बकता है जो यह वृद्ध
न देना उस पर कुछ भी ध्यान
टहलने चलें, चलो उद्यान
जामु, लीची, कटहल औ' आम
शलीफा, कदलीथंभ ललाम…
गणों में ज्यों हम लिच्छवि श्रेष्ठ
फरों में त्यों यह राजा आम
बहुत बैठे हम आयुष्मान !
टहलने चलें, चलो उद्यान

नहीं सुन लेते तुम भी अहा—
उठाकर आँख वीर ने कहा
वृद्ध ब्राह्मण आए हैं तात
सुनो कर लेने दो, दो बात
शान्त होगा इनका भी हृदय
पुण्य मेरा भी होगा उदय
टहल आओ तुम देव अवश्य
चित्त होता हो यदि उद्विग्न
देखकर आगत संध्याकाल
बाग-उपवन-पोखर-तालाब

नदी-तट, पथ-पांतर, वन-खेत
पेड़-पौधे, लतिकाएँ-घास
ग्राम की हद, अभिजन-सीमान्त
प्रतीक्षा में रहते तल्लीन
कि प्रातःकाल, कि सायंकाल
देखने आएगा भूपाल
पिता वह, हम सब हैं सन्तान
टहल आओ, जाओ तुम तात
हमें कर लेने दो कुछ बात

देखकर उस ब्राह्मण की ओर
अनुज का मन नवनीत समान
'ठीक है' कहा हिलाकर शीश
और बाहर निकले चुपचाप
टहलने गये अकेले आप
नन्दिवर्धन-लिच्छवि कुलकेतु

हो गई संध्या, फिर भी इधर
बात कर रहे थे ही कुँवर
वृद्ध की आँख रही थी चमक
मुदित मुँह खूब रहा था दमक
'तात देता हूँ आशीर्वाद—'
घोलकर वाणी में आह्लाद
स्थूल स्वर में बोला तब विप्र
रहेगा क्या यह खूसट याद ?
हाय, यह भूमि कोस दश-बीस
धान्य-धन, दास-दासी सुवर्ण
बाप दादों की शुभ संपत्ति
स्वजन का स्नेह प्रजा की भक्ति
सभी कुछ तुम जाओगे छोड़
मुक्त होओगे बंधन तोड़
काल की, स्थिति की सीमा लाँघ

फैल जाएँगे देश-विदेश
वीर, तेरे निर्मल उपदेश
तरुण तापश, तेरा वैराग्य
बदल देगा दुनिया का भाग्य
त्रस्त धरती पाएगी त्राण
जीव पाएंगे फिर से प्राण
बिकेंगे आगे नहीं मनुष्य
नहीं बोलेगा कोई झूठ
बंद होंगे सब ईर्ष्या-द्वेष
रहेगा नहीं घृणा का नाम
देव से बढ़कर होंगे मनुज
शुद्ध आचरण, बुद्धि अवदात
भिन्न रुचि पर शुचि मानस मध्य
खिलेंगे समता के जलजात
दूर होगा ब्राह्मण का दंभ
शान्त हो जाएगा राजन्य
वैश्य का लालच होगा नष्ट
शुद्र होगा उन्नत स्वाधीन
स्त्रियाँ होंगी पुरुषों के तुल्य
बढ़ाएँगे बस गुण ही मूल्य
शील पर ही जाएगा ध्यान
विकट यह तप, उत्कट यह त्याग
देख धरती जाएगी जाग
तुम्हारी बातें बारम्बार
सुनेगा सारा ही संसार

तात, यद्यपि मैं हूँ अति वृद्ध
किंतु करता हूँ तुम्हें प्रणाम
क्योंकि तुम तजकर घर-परिवार
जा रहे ज्ञानार्जन के हेतु
भटकता रहा समूची आयु
वत्स मैं, तोनिज लाभ निमित्त

धन्य हो क्षात्रकुलोदधि चन्द्र
राजकुल में पाया है जन्म
पली है सुख-सुविधा में देह
मिला है सभी तरफ से स्नेह
तुम्हें क्या कमी कि कौन अभाव
कि होओगे यों बे-घर-बार ?···
चाहिए तुमको केवल ज्ञान ?
यही वह प्यास, यही वह भूख
कि जिससे रहते हो बेचैन ?
वृद्ध हूँ, ब्राह्मण हूँ, स्वार्थांध
किन्तु बेटा, तुमको तो आज
दे रहा हूँ निश्छल आशीष
प्राप्त होगा ही केवल ज्ञान
जाएगा बन उज्ज्वल आख्यान···
तात, यह अभिनिष्क्रमण महान···
दे रहा हूँ निश्चल आशीष

चले द्विज बकुली लाठी टेक
सहारा बनी वीर की बाँह
लगे कहने वह जा कुछ दूर
चला जाऊँगा अब मैं वत्स
छोड़ दो, गई घड़ी भर रात

कुँवर लौटे अपने अधिवास
विप्र को प्रचलित पथ पर छोड़
न खाना ही खाया उस रात
न शय्या पर ही डाली देह
न जाने कहाँ नींद उड़ गई
चित्त की धारा ही मुड़ गई
पग अपना काम कर रहे थे
चित्त की चर्खी चल रही थी···
कि आए दो परिचर नजदीक

दास था, दासी भी थी साथ
किंतु दोनों ही थे अति वृद्ध
कांति, साँवला, आकार मझोल
आँख थी छोटी, चेहरा गोल
हाथ में थे चाँदी के कड़े
कमर में मामूली परिधान
पैर थे खाली, तन था रिक्त
प्यार से फिर भी दृग थे सिक्त
सामने आकर होकर नम्र
किया दोनों ने उन्हें प्रणाम
आ गई चिन्तन क्रम में मोड़
थामकर चित्त चारिका छोड़
पलंग पर गये वीर तब बैठ
रहे थे लटक चरण अरविंद
रत्ननख चक्रांकित अविनिंद
स्नेह से आ-नख आ-शिख देख
घोलकर वाणी में वात्सल्य
कहा बूढ़े ने :
जय हो कुँवर !
हो चुकी है अब आधी रात
और तुम जाग रहे हो तात !
आ गई है क्या ऐसी बात
कि अपलक ही कर दोगे प्रात ?

और, आकर बिलकुल नजदीक
गये दोनों ही किंकर बैठ
ताकने लगे वीर की ओर
कि शशि को ज्यों अति मुग्ध चकोर
हेरने लगते हैं अनिमेष
वीर भी तो गहरे दृग डाल
देखने लगे उन्हें तत्काल
कि होकर कोई ज्यों तल्लीन

कहीं डाले गंभीर निगाह
तनिक रुक कर होकर सुप्रीत
पकड़ दोनों ने उनके पैर
लिए अपने कन्धों पर डाल
चापने हौले हौले लगे
वीर अपना सोचने लगे
चित्त की चर्खी चलने लगी…

रहोगे तुम क्या सदा गुलाम ?
हमेशा खाओगे उच्छिष्ट ?
बेचते रहेंगे पशु की भाँति
अरे, कब तक तुमको ये लोग ?
हाय पाकर भी मानव देह
तुम्हारा यों बदतर है हाल
तनिक भी चीं-चूँ किया भी कि नहीं
खींच लेते हैं जिंदा खाल
श्रेष्ठ हैं तुमसे श्वान-बिडाल
सुखी हैं तुमसे कीट पतंग
राख की कीमत तुमसे अधिक
तुम्हारे लिए देव भी वधिक…
बीच में सहसा छूकर कान
और, शप् से कुछ जीभ निकाल
वृद्ध बोला :
छोटे सरकार !
क्षमा हो चाकर का अपराध
टोकने का कुछ है अधिकार ?
क्यों नहीं—कहा वीर ने तुरत
गड़ाकर बेचारे पर आँख :
क्या नहीं है तुमको अधिकार
मनुज तुम भी, मैं भी हूँ मनुज
महल्लक, कहो नहीं 'सरकार'
तुम्हीं सा मैं भी हूं सामान्य

मुझको मत समझो देवकुमार
इतर साधारण मैं हूँ मनुज
नंदिवर्धन लिच्छवि का अनुज···

इस तरह कहते-कहते कुँवर
खींच कर चट् से दोनों पैर
पलंग पर बैठे पल्थी मार
सुभग सुन्दर कनकोज्ज्वल देह
देखते रह गये दासी-दास
कि ज्यों शशि के प्रति मुग्ध चकोर
ताकते रह जाते अ-निमेष···
उन्नमित भ्रू का पा संकेत
दास बोला :
करना जी माफ,
समझ में अपनी आती नहीं
हमें उल्टे होता आश्चर्य
पहेली सी लगती यह बात
शाम से ही मैं हूँ हैरान
खिन्न हो तुम क्यों श्रीमान
मुझे तो होता है आश्चर्य
तात ! तुमको कैसा परिताप ?
जलन कैसी, कैसा यह शोक ?
भुवन भर में अतिशय स्पृहणीय
राजकुल में पाया है जन्म
हाय, होकर भी गण सन्तान
घटाते हो अपना दिन-मान !
सुदुर्लभ भोग, अकंटक सौख्य
विलक्षण तनु चम्पक अवदात
और पाकर यह वयस नवीन
देव तुमको कैसा परिताप ?
जलन कैसी, कैसा अभिखेद ?

छोड़कर परिजन पुरजन धाम
छोड़कर ऐसी भूमि ललाम
कहाँ तुम चले कुसुम-सुकुमार
हमारे प्राणों के आधार ?
सुगम सुन्दर जनपद यह तात
स्वर्ग जिससे खाता है मात
विदेहों का मनोज्ञ अधिवास
जहाँ सब सुख करते हैं रास
अन्नधन पशुधन दासी-दास
फूल फल मूल शहद नवनीत
भरित-पूरित यह तिरहुत देश
तुम्हें पहुँचाता है क्या ठेस ?

देखकर हरे भरे ये क्षेत्र
मुदित होते न तुम्हारे नेत्र
निबिड़ नीला पट कटि में डाल
प्रसारित कर चितकबरे पाल
करों में निज पतवार सँभाल
नाव खेते हैं धीवर-बाल
लादकर लाते रहते माल
रजत, कांचन, मणि, मुक्ताजाल
पद्म, हीरक, वैदूर्य, प्रवाल
हंस लांछित कौशेय दुकूल
क्षौम-जनरुचियों के अनुकूल
अगरु, कस्तूरी, चन्दन खण्ड
वन्यपशु शृंग, चंवर गजदंत
लाख, अबरख, शीशा औ' काँच
काँस, पीतल, लोहा और ताम
गिनाऊँ यदि चीजों के नाम
सुबह से हो जाएगी शाम···
लादकर लाते रहते माल
नाव खेते हैं धीवर-बाल

कहीं पर पाँक, कहीं पर रेत
इधर भी खेत उधर भी खेत
बीच में काँच-हरित गंभीर
प्रवाहों में बहता है नीर
सदा नीरा के ये तट प्रान्त
तुम्हारी जलन न करते शान्त ?

हिमालय यह उत्तर की ओर
जुड़ाती है आँखों की कोर
देख लो तात यहीं से बैठ
महागज रहे मेघ में पैठ
प्रात की लाली से द्युतिमान
चमकता है नित नव हिमवान
देखता आया हूं मैं रोज
प्रकृति की यह आभा, यह ओज
आँख खोलो हे अन्तर्लीन !
सृष्टि है सुन्दर सृष्टि नवीन !!

सुनी अग्रज की जब यह बात
रहे होंगे चुप पल छः-सात
उठे दृग, गिरा सहज गंभीर
अनाहत लगे बोलने वीर :

क्षमा हो तात, क्षमा हो तात
निकल जाए यदि मुँह से बात
असंगत उद्धत या कि कठोर
ध्यान मत देना, जी उस ओर
हुआ करता है बहुविध कथ्य
सुधीजन ले लेते हैं तथ्य
अनुज की सुन यह अटपट बात
रुष्ट होना कुछ भी मत तात
देव, यह जग आदीप्त-प्रदीप्त

मुझे लगता दावानल-तुल्य
इधर भी आँच, उधर भी आँच
झूठ ही झूठ, नहीं कुछ साँच
स्वार्थ के पुतले हैं सब लोग
सोचते कभी न योग अयोग
भोग ही भोग, भोग बस भोग
दीखती नहीं मृत्यु या रोग
देख यह अहं, सोच यह दंभ
देखकर ममता के ये नाच
धधकती हिय में रह रह आँच
अचेतन का इसमें क्या दोष
सचेतन को ही है धिक्कार
भूल करता है जो बारंबार !
भली यह भूमि, भले यह खेत
भली यह धूल, भले यह रेत
देव, बलि पशुओं की यह घास
बुद्धि का करती है उपहास
तात, धिक धिक हम मनुसंतान
करें फल फूलों का गुण-गान
अन्न से भर जाता है पेट
तृषा होती है जल से शांत
मिटाता चन्दन तन का ताप···
किंतु, लूँ कैसे इनको मान
सदा का सत्य, दिव्य अवदान
दूर कर दे यदि मेरा क्लेश
धन्य होगा यह तिरहुत देश
ताप मेटे यदि भूमि ललाम
पायेगी मेरा दण्ड प्रणाम
छोड़कर चले गये माँ-बाप
धरा, धन, धाम सँभाले आप
मुझे तो दे ही दें अवकाश
टँगे हैं ऊपर मेरे श्वास—

द्वन्द से घुटकर, होकर रुद्ध
भावनाएँ करती हैं युद्ध
चले जाने दो मतिमान
चाहते यदि मेरा कल्याण
मुझे प्रिय है बस केवल ज्ञान
करूँगा उसका अनुसंधान
वृथा यह ममता नाहक मोह !
तात, मत रोको मुझको ओह !!

चन्दना

वत्स नृप शतानीक चम्पा पर चढ़ आये
रातोंरात घेर लिया नगरी को सैन्य ने
पुत्र, पुत्री, दारा,
सारा का सारा,
छोड़कर परिजन, पुरजन, कोष, बल
भाग गये दधिवाहन चम्पापति दुर्ग से
झुक गया विजयी के चरणों पर अंग देश
मान लिया अनुशासन।

निज सैनिकों के प्रति
विजयी की तरफ से सहसा हुई घोषणा :
बहुत दिन हो गये हमको प्रवास में
चलो चलें कूच करें कौशाम्बी की ओर
लूट कर ले चलें जो जिसके हाथ लगे
खाली क्यों लौटेंगे होकर हम विजयी ?

मिलते ही आदेश
करने लगे लूटपाट महामत्त सैनिक
जंगली सुअर ज्यों ऊधम मचाते हैं हरे-भरे खेत में
करते हैं बरबाद सुनहली फसलें···
ऊँटसवार सैनिक एक पा गया रानी को
कुमारी वसुमती भी उसके ही हाथ पड़ी
'कुमारी को दूँगा बेच, रानी को रख लूँगा'
ऐसा विचार कर
दोनों को ऊँट पर बैठा लिया उसने
सैनिक की दुरभिसन्धि ताड़ गई रानी

कर लिया आत्मघात
खा लिया विष, सोई ही रह गयी
बाँह के सहारे
राह के किनारे
किसी पथिकशाला में

रोती-बिलखती
वसुमती को लेकर
सैनिक चला आगे
कैसे साथ छोड़ता भला वह सैन्य का ?
पहुँचे वे कौशाम्बी दो ही चार दिनों में
सौगातें ले-लेकर
गये सब निज-निज घर
ज्ञातिवृद्ध-कुलवृद्ध-वयोवृद्ध गुरुजन
सूँघ-सूँघ शीश
अभिनंदन करने लगे
करने लगीं स्वागत सुन्दरी युवतियाँ
तिरछी चितवन से
मदिर मुस्कान से
पाकर पिता को शिशु हो उठे प्रमुदित
पालित गृहपशुओं की बँध गई टकटकी
क्योंकि वे विजयी हो लौटे थे
चपत लगा आये थे
काल के गालों पर

×

ऊँट का आरोही
ले गया लड़की को
हाट में बेचने
सबल स्वस्थ सुन्दर फुर्तीले स्वामिभक्त
बिकते थे जहाँ हजारों दास-दासीजन—
सुस्मित प्रियदर्शन
आठ-नौ बरस की

कुमारी वसुमती…
देखते ही उसको तत्क्षण खरीद लिया
धनावह सेठ ने मुँहमाँगे दाम पर
ले जाकर घर में सेठानी को सौंप दिया
"भद्रे, यह बालिका जाने किस पुण्य से मिल गई हमको
अपनी ही समझ कर, देखो, इसे रखना
पालना पोसना…!"
अन्दर में, बाहर में,
स्व में, पर में
उनमें, इनमें
थोड़े ही दिन में
हिल गई, मिल गई
कुमारी वसुमती…
शीतल थी प्रकृति, सुशील था स्वभाव
नाम ही पड़ गया 'चन्दना' उसका !
मान दान भोजन पान…
शयनासन अवस्थान…
मुक्त आत्मीयता…
और क्या चाहिए चन्दना को कुछ भी !
आश्रय विशाल, वटवृक्ष-सा पाकर—
और क्या चाहिए चन्दना को कुछ भी !
लगा होने विकसित
निर्द्वन्द्व जीवन
हो गई किशोर वह पार कर बचपन
मादक मधुरिमा आई उभार पर
एक पर एक लगी पँखुरी खिलने
शत-शत दृगों का
बन गई केन्द्र-बिन्दु
कमल की कलिका।

× × ×

गर्मी के दिन थे…
दुपहर को आया सेठ थका-माँदा बाहर से

चन्दना ने देखा, कोई भी नहीं है,
कौन लाये पानी, धुलवाये पैर कौन,
आप यों खड़े रहें कब तक आँगन में ?
सोने की झारी लिए स्वयं ही बढ़ आई
लग गई गृहपति के चरण-कमल धोने !
उस समय उसका
मुक्त था कुन्तल
सेठ को दया हुई
भ्रमर-सदृश घुँघराले बाल ये
कीचड़ में पड़ कर होंगे खराब क्यों ?
उठाकर उनको अपने ही हाथ से
जूड़े की शकल में बाँध दिया उसने !
सेठानी ने देख लिया खिड़की से—
यह सब !
हाय ! हाय !!
कहाँ की कलमुँही मेरे सिर चढ़ आई ?
अपनों को खा-पका
हमारी गृहस्थी पर
आ गई छुच्छी आग बरसाने
छीन लिया इसने सब
क्या मैं करूँगी अब
हाय ! हाय !!
छाती पर लिटा कर पिलाया है दूध अरे,
मैंने इस नागिन को अपने ही हाथों
मइया री मइया !
अच्छा…
करती हूँ प्रतिकार
खतम कर दूँगी
पकड़ कर राँड़ को
रहेगा न बाँस और बजेगी न बाँसुरी…

× × ×

सेठ गया बाहर तो

क्रोधित सेठानी ने
नाई को बुलवा कर
चन्दना के सुन्दर बाल कटवा दिये
कर दिया बेहोश कोड़े से पीट-पीट
डाल दिया तलघर में साँकल चढ़ाकर;
मना किया दासियों को :
लाख पूछने पर कहना न सेठ से
बुरा होगा उसका हाल
खींच लूँगी कच्ची खाल
जिस किसी के मुँह से निकलेगी यह बात
खबरदार !
कुछ समय पश्चात्
घर आये सेठजी
दासियों से पूछा—कहाँ है चन्दना ?
किसी ने कुछ न कहा सेठानी के डर से
और, क्या, इधर-उधर खेलती होगी भला
सेठ ने सोचा और खाने को बैठ गये
दूसरे दिन भी दासियों से पूछा—
चन्दना कहाँ गई ?
किसी ने कुछ न कहा सेठानी के डर से
और क्या, मिलने गई होगी किसी सखी से,
सेठ ने सोचा यह
खाने को बैठ गये,
तीसरे दिन भी जब
किसी ने कुछ न कहा सेठानी के डर से
सेठ को शक हुआ, शोक हुआ, क्रोध हुआ,
कहाँ गई चन्दना
जला दूँगा घर यदि मिली नहीं चन्दना
जान दे दूँगा यदि मिली नहीं चन्दना ।

× × ×

बुढ़िया थी दासी एक,
सेठ को क्षुब्ध देख उसने विचार किया

क्या करूँगी जीकर यदि चन्दना ही न रही ?
कान दोनों छूती हुई बोली वह सेठ से—
'मेरे प्रभु, अपराध क्षमा नहीं करना,
कठिन से कठिन दण्ड देना प्रभु मुझको
सभी कुछ जान कर
अभी तक चुप थी
चौथा दिन होगा आज
तलघर में बंद है, मेरे प्रभु, चन्दना !'

× × ×

पत्नी की दुरभिसंधि
धनावह समझ गया…
सेठानी की दहशत मौन का कारण थी,
गर्भदास-दासी जन
स्वामियों के खिलाफ
कैसे करें साहस ?

…तलघर की साँकल को
स्वयं ही खोल दिया
धनावह सेठ ने…
पैर थे निगड़ में, बेड़ियों में हाथ थे,
मुण्डित था मस्तक
वक्षस्थल नग्न था…
दृग दोनों रो-रो कर आये थे सूज
कुमारी वसुमती का बहुत बुरा हाल था !
देखकर दृश्य यह सेठ घबरा गया
अपने को थाम कर आया नजदीक
चन्दना की ठोड़ी को उठा लिया ऊपर
देने लगा आश्वासन :
बेटी यह क्या हुआ ?
भोग रही इस घर में कैसा अभिशाप
जाने किस कुलग्न में
तुमने थे पैर रखे

कौशाम्बी नगरी में
फफक-फफक कर रोने लगी चन्दना
पाकर समवेदना-स्निग्ध बोल दो-चार
आँसू पोंछ उसके निज धोती के खूँट से
भोजन की वस्तु कुछ सेठ गये खोजने
रसोई घर में !
दाल, भात, व्यंजन कुछ भी नहीं था वहाँ
थी केवल एक वस्तु
सूप में पड़े थे कुलथी के थोड़े से दाने
वही लेकर दे आये सेठजी उसको।
—तब तक कुछ खा ले
जब तक लुहार को बुलाकर लाता हूँ,
निगड़ और शृंखला खोल वह देगा।
लुहार को बुलाने
सेठ गये बाहर !

× × ×

रात दिन अप्रमत्त
जागरूक निर्ग्रन्थ
लिच्छविकुल प्रव्रजित
महावीर वर्धमान
विहरते थे उन दिनों
कौशाम्बी में ही
सगण, सपरिषद् !
एक बार
मन ही में आपने
अभिग्रह यह कर लिया :
आज मुझे
दीन हीन उपेक्षित दुर्गत पददलित
अश्रुमुख क्रय-क्रीत दासी के हाथ से
होगा यदि भिक्षा-लाभ
करूँगा आहार तभी,
अन्यथा खाली लौट आऊँगा !

अभिजात महाशाल
बड़े-बड़े गृहपति
क्षत्रिय, ब्राह्मण और धनकुबेर बनिया
नगर जनपद में अगणित भरे पड़े
गौरव हैं राष्ट्र के
उन्हीं के यहाँ से साधु पिंडपात पाते हैं
पाता नहीं अवसर अवहेलित मानव
रहती अनिवेदित ही श्रद्धांजलि उसकी
हाय हाय ! साधुजन—
अन्न-जल, साथ-साथ, देखते हैं कुल भी;
रखते हैं भेदभाव
सवर्ण असवर्ण में,
नर और नारी में,
प्रभु और दास में,
धिक् धिक् तथापि वे
शान्ति और समता के वाहन कहाते हैं !

उठा दिन डेढ़ पहर
निकले मुनि बाहर
भिक्षा के कारण !
ज्यों महावारण
(धीर और ललित गति)
निकला हो स्थिरमति
चारा की खोज में
एकटक निर्विकार
खड़े थे सब द्वार-द्वार
सबकी थी लालसा···
अन्न, जल शुद्ध है;
दोगे किस कुल को आज पुण्य-अवसर ?
···किन्तु वह
सीधे ही चले गये नगर के छोर पर···
उससे भी आगे,

लौट मगर आये फिर उसी राह से
आये थे जिधर से उधर ही गये आप
नतनेत्र, चुपचाप
चकित और विस्मित
लोग थे चित्रलिखित
तीन दिन लगातार ऐसा ही क्रम रहा
चिन्तित हुई जनता
कौन-सा अभिग्रह वह
कौन-सा नियम है
कि जिससे महावीर
भिक्षा नहीं लेते हैं ?
आते हैं किंतु आप
नतनेत्र, चुपचाप
खाली लौट जाते हैं
कैसा अभिग्रह वह
कौन-सा नियम है ?···
चौथे दिन
पहुँचे धनावह सेठ के द्वार पर
तलघर के सामने
तीर्थंकर महावीर···
शृंखलित-कर-चरण चिन्तित थी चन्दना;
चौथा यह दिन था उसकी भी भूख का !
सूप में कुलथी के दाने थे पड़े हुए
कैसे यह खाऊँ मैं ?
किस तरह कण्ठ के नीचे धँसेगा यह
नहीं, नहीं, कभी न यह खाऊँगी
पड़े ही रह जायेंगे यों ही यह सूप में !
कि इतने में
दीख पड़े महावीर !
मुदित हुई चन्दना
खिन्न हुई चन्दना
सुखित हुई चन्दना

दुखित हुई चन्दना;
मेरे पूर्वसंचित पुण्य की प्रतीक यह
देव, तव करुणा !
आये जो यहाँ तक
शृंखलित-कर-चरण
क्रीतदासी अंकिचन
कौन-सी वस्तु दूँ भिक्षा में तुमको ?
कुलथी के दाने···
करोगे स्वीकार भी ?
—प्रभु, मैं क्या करूँ ?
छा गया बेचारी पर दुविधा का बादल
अजीब उलझन थी !
फिर भी हुआ साहस
फिर भी हुई प्रेरणा—
क्यों न मैं अपरिमित पुण्य अब प्राप्त करूँ,
देकर यह दाने अंजलि भर प्रभ को !
श्रद्धा सहित दी हुई,
कदन्न यह कुलथी
कर लेंगे अंगीकार
करुणामय अर्हन्त समदर्शी सर्वज्ञ
लिच्छविकुल प्रव्रजित वीर प्रभु भगवान्···
उठ कर किसी तरह
द्वार की ओर बढ़ी
कुलथी ले चन्दना
स्मितमुख कृतवन्दना
कि इतने में
चले गये आगे वह, जाने क्या सोच कर !
होकर हताश तब रो पड़ी चन्दना
आँसू लगे बहने
दोनों ओर गाल पर,
हाय, हाय,
पूर्वार्जित प्रत्यावाय

कटे नहीं अब तक
हुआ नहीं पुण्योदय,
सिसक-सिसक रोएगी कब तक यह चन्दना ?
कि इतने में
जाने क्या सोच कर
आ गये लौट कर
धनावह के द्वार पर
फिर वह मुनिवर
तलघर के सामने
ज्यों की त्यों खड़ी थी अब तक चन्दना
श्रृंखलित-कर-चरण
अश्रुमुख अप्रतिभ
चित्रलिखित निर्निमेष…
इस बार
पूर्ण हुआ अभिग्रह
दीन हीन उपेक्षित दुर्गत पददलित
अश्रुमुख क्रयक्रीत दासी के हाथ से
हो गया भिक्षालाभ
वीर की अंजलि भर गई कुलथी से !

× × ×

मुदित हुई चन्दना
झुक-झुक कर बार-बार उसने की वन्दना !
हुई चट श्रृंखला फूल के आभरण
(पुष्पदाम-वलयित हो गये कर-चरण)
भ्रमर-सदृश काले घुँघराले बाल भी
छा गए शीश पर
जीर्ण-शीर्ण परिधान
चीनांशुक हो गये !
मानो मणिकर्णिका
कोई देव कन्यका
उतरी हो भू पर;
लगती थी ऐसी ही कुमारी वसुमती…

धन्य-धन्य हो उठी चन्दना उस दिन
सारे जनसमाज में···
कर दिया घोषित धनावह ने मुक्त उसे
सौंप दिये अधिकार विशाल धन-जन के
बना दी अधिस्वामिनी !

किन्तु क्या वह
बँध सकी बंधन में
जान कर जगत को क्षणभंगुर नश्वर
उसने परमार्थ में मन को लगा दिया
चली गयी तीर्थंकर की शरण में,
हो गई अनुगृहीत
मिल गया आश्रय।

युद्ध का अन्त

मल्लयुद्ध-प्रसंग का जब हो रहा था अन्त
भरत का जब हो चुका था चूर-चूर घमंड
करना चाहते थे बाहुबलि
आघात जब प्रचण्ड
तानकर घूँसा, उठाकर बाँह
तभी उनको हुआ यह परिबोध…
हाय ! किस पर द्वेष किस पर क्रोध !
हम सहोदर एक जननी की सग्गी सन्तान
ले रहे हैं हम परस्पर जान !
हे विजय लक्ष्मी, तुम्हें धिक्कार
पराजय ही मुझे स्वीकार
सहोदर करूँगा मैं अब नहीं आघात
दिन हो जाए चाहे रात
चल जाती पिता पर पुत्र से तलवार
ओ लक्ष्मी तुम्हें धिक्कार
भाई भाइयों की जान लेने पर उतारू हो रहे हैं हाय !
धिक् धिक् व्यक्ति धिक् समुदाय
चाहिए मुझको नहीं यह जीत
आह मानव, यही क्या तेरी सदा की रीत
चाहिए न मुझको तेरा राज
चाहिए न मुझको तेरा ताज
पराजित ही मैं रहूँ, नाहक न मुझको छेड़
खड़ा हूँ जिस पर न काटूँगा वही मैं पेड़
साहसी सम्राट् डाकू चोर
हाय, लिप्से, कौन पाएगा तुम्हारा ओर
इस प्रकार विमुग्ध और विक्षुब्ध
बाहुबलि पर छा गया वैराग्य

फिर आघात करने के लिए उद्यत वही भुजदंड
(पराक्रमशील प्रकांड प्रचंड)
हो गया नीचे
चमकने लग गए दृग शान्त स्निग्ध सफेद
भासित हो उठी फिर
सौम्य स्वाभाविक मुखाकृति वही शिशु की भाँति
उत्तरीय उतार
खोल करके रख दिया
एकावली मणि मेखला कुंडल तथा केयूर
और उसके बाद तो वह
हो गए निर्ग्रन्थ और निवस्त्र…
"देव, यह क्या ?"—
वृद्ध मंत्री शुचिव्रत ने
उठाकर तत्काल दायाँ हाथ
टोक ही तो दिया—"यह क्या हो गया
आज तुमको देव ?
नग्न बनकर विजय लक्ष्मी का करो
मत, आह, यों मत अपमान !
देव, तुम पर दैव है अनुकूल
मुकुट लो फिर शीश पर
धारण करो फिर हंस लांछित क्षौम पीत दुकूल !"
शान्त मुद्रा में हिलाकर हाथ
बाहुबलि बोले—"अजी, इन वस्तुओं का
लो न मेरे सामने अब नाम
रत्न के बदले बटोरूँगा नहीं अब काँच
अब न नाचूँगा अरे कठपुतलियों का नाच
न जाने किस पुण्य के बल पर पा गया यह मानवीय शरीर
लिया अब तक नहीं इससे काम
अति भौतिक भावनाओं में रहा
दिन रात ही मैं मग्न !
हाय मानव !
जा रहा तू दौड़ता किस ओर ?

पकड़ पाएगा कभी क्या कामना के छोर ?
विनश्वर संसार !
पिला दी किसने सुरा, तुम हो रहे बेभान
काम आता नहीं विद्या कि या ज्ञान
भूमि पशु धन धान्य काँचन रजत मणि माणिक्य
दास-दासी अश्व गज रथ साथी और सैन्य
सभी पर और गृद्ध दृष्टि मनुष्य, तूने कर लिया अधिकार
ज्योतिरीश्वर महाग्रह
तेरा सभी पर पड़ा रहा प्रतिबिम्ब
किन्तु अन्दर के अँधेरे को न पाए चीर
किरण के तेरे नुकीले तीर
यह तड़क, यह भड़क बाहर की न आई काम
अन्तःकरण ज्यों के त्यों रहे दिग्भ्रान्त
स्वजन परिजन
इष्ट मित्र
पड़ोसियों की यह विकट प्राचीर
पड़े हो तुम कैद इसमें ज्यों कि पिजड़े में बिचारा कीर !
काम आएँगे न
औरों के तुम्हें वरदान या अभिशाप
यदि न होंगे मुक्त अपने आप !
औ प्रकृति के चेतनामय पुत्र, मनु सन्तान
लक्ष्य तेरा एक होना चाहिए, बस एक,
केवल ज्ञान"
बाहुबलि ने कहा इतना
हो गए फिर मौन
हो रहे दंडायमान विशाल शाल समान
बाहुबलि सु-महान !
आश्चर्य !
दोनों ओर के दर्शक हुए हैरान
विस्मय का नहीं था अन्त !
किसी ने देखा नहीं था कभी ऐसा दृश्य
भरत घुटने टेक

साश्रु और सविवेक
ऊर्ध्व दृग् बैठा रहा कुछ काल
निकला नहीं मुँह से बोल
पहली बार जीवन में कि यों वह आज
नतमस्तक किसी के सामने
बैठा हुआ है हन्त !
किसी ने भी सिखाई थी
भरत को इतनी बड़ी क्या सीख ?···
जुड़ गये फिर हाथ अपने आप
बाहुबलि की साधुता से हो गया मन
राग द्वेष विहीन
द्रवित होकर दर्प
दृगों से बहने लगा धर आँसुओं का रूप
जीतकर भी विजय लक्ष्मी से पराङ्मुख
सामने ही खड़ा है यह व्यक्ति—
अपरिसीम उदारता का मूर्तिमान प्रतीक
अनुज मेरा बाहुबलि !
अथवा उसी के रूप में यह
देवता या यक्ष किन्नर नाग या गन्धर्व
मेरा हृदय परिवर्तन करना चाहता हो हन्त
पड़ गए संदेह में राजा भरत
कुछ काल के उपरान्त
अपनी क्रूरता पर गया नृप का ध्यान
अपने आप पर ही घृणा होने लगी···
पुंजीभूत मेरा पाप धोने के लिए ही
बंधु, तुमने
साधु का यह रूप धारण कर लिया है ओह !
मैं नहीं पाया तुम्हें पहचान
देव, मैं अनभिज्ञ अनजान
जीतकर चतुरन्त यह भूखण्ड
झुकाने आया तुम्हें मैं मूर्ख, मैं उद्दण्ड
ठीक है मेरे अनुज हो बंधु

पर न साधारण मनुज हो बंधु
तुम्हारा यह बाहुबल है किस प्रकार विशाल
हृदय भी है उसी भाँति विशाल
था मुझे इस बात का पहले न कुछ भी भान
तभी तो न पाया तुमको तनिक भी पहचान
चक्रवर्ती कहाने का मोह मेरा हो गया है दूर
सार्वभौमिक गर्व मेरा हो गया है चूर
हाय मेरे हेतु—
शत-शत नृपतियों के मुकुट और किरीट
भूलुंठित हुए हैं हाय !
हाय, मेरे दुरित का व्यय से अधिक है आय !
लाख-लाख निरपराधों का बहा खून
ताक पर रख दिया सब कायदा-कानून
हो गई सूनी हजारों जननियों की गोद
और तिस पर विजय अरु आमोद और प्रमोद
नृत्य नाटक द्यूत मदिरापान
विरुदावली का गान
विविध उत्सव और विविध आरम्भ
मान मद छल छद्म मिथ्या दम्भ
रात दिन पर छिद्र का सन्धान
हाय रे यह कूटनीतिक ज्ञान
बंधु, मैंने किया है अपराध यह अक्षम्य
आमरण जलता रहूँगा इसी के परिताप में मैं मूढ़
पर, तुम्हें क्या हो गया यह ?
दृष्टि शीतल, भ्रू सरल, मुखकांति उज्ज्वल स्निग्ध
तनिक मिलता नहीं आवेश का आभास
स्वच्छ है अन्तःकरण निर्मेघ ज्यों आकाश
चरण कमलों पर तुम्हारे
आज मैं यह डालता हूँ
देव, अपनी विजयिनी तलवार
जिसका बहुत था अब तक मुझे अभियान
दो मुझे आशीष

जाकर धर्म से शासन करूँगा
दंड दूँगा छोड़
सुखी हों राजन्य
फिर से राज्य पाकर
अब न छीनूँगा किसी की भूमि
लो यह पकड़ता हूँ कान
उस अनुतप्त अग्रज के लिए
हे देव यों धारण करो मत मौन
श्रीमुख से सुनाओ बोल
दो आदेश कुछ भी
अन्यथा मैं
तुम्हारे ही सामने लो करूँगा आपघात!

"भूप"—
जरा रुक कर
अभयमुद्रा में कहा तब बाहुबलि ने
वह ऋषभ भगवान
विश्व भर का करेंगे कल्याण;
हो गया परिताप से ही पूर्ण प्रायश्चित्त
सद्धर्म का आलोक अब तो—
दीप्त होने जा रहा है
तुम्हारे ही मनोमंदिर मध्य···
बाहुबलि फिर हो चिर मौन,
अन्तर्लीन
सो गया हो ताल में ज्यों मीन !

कपिलवस्तु में

जरा-जीर्ण, कृशकाय, विवर्ण, उदास
शुद्धोदन थे सिंहासन-आसीन
पाद-पीठिका पर रखकर पद पद्म
शासन तथा व्यवस्थापन में दक्ष
ज्ञान वृद्ध, वय वृद्ध, शाक्यगण-युक्त—
अर्धचन्द्र-आकृति परिषद था मग्न
जाने किस असंभावित चिन्ता के मध्य
अनिल-रहित नलिनीदल तम निष्कंप
सर में सोये मीन तुल्य निष्पंद
थे सब—मानो निष्क्रियता साकार !
"आज नगर यह होगा परम पवित्र
आकर स्वयं करेंगे हमें कृतार्थ
विश्ववन्द्य वह करुणामय भगवान—"
द्रुतगति से तत्क्षण प्रत्यागत दूत
(छंदक) के मुँह से सुनकर यह बात
सब सदस्य हो गए झटित साकांक्ष !
मेरुदंड कर सीधा हो उद्ग्रीव
विह्वलता के स्वर में तब गणराज
शुद्धोदन बोले—
—"क्या आज कुमार
जन्मभूमि पर कृपा करेंगे सौम्य ?
शीतल होगा यह सिंहासन आज
पाकर के उनका आह्लादक स्पर्श ?
भद्रे, कहाँ से लाये हो सन्देश—
कितनी दूर यहाँ से है वह स्थान ?
स्वागत करके ले आवें तत्काल
चलो चलें आगे जाकर हम लोग

प्रिय कुमार को, जीवन-धन को आह !"
रत्न-जटित केयूर-किरण परिपूर्ण
दक्षिण हाथ उठाकर एक सदस्य
नृप से बोला—
—"महाराज, है कौन
महाप्राण वह पुरुष चराचर मध्य
उठकर शाक्य शिरोमणि अपने आप
किसके हेतु करेंगे अभ्युत्थान !"

× × ×

"कनक कांति तन पर गैरिक परिधान
मस्तक-मुद्रित, कर में भिक्षा-पात्र !
हमें परखने आए हो तुम देव ?
हो न सकेगा भगवन् मुझसे सह्य
नियति नहीं क्या यह निर्मम परिहास—
लौटा दो प्रभु हमको वह सिद्धार्थ;
मेरे मन-मंदिर का चौमुख दीप,
प्रजापती के नयनों की मधु ज्योति
जनपद कल्याणी महिला मर्धन्य
राहुल माता यशोधरा के प्राण,
शाक्यों का प्रियदर्शी राजकुमार,
हमें चाहिए देव वही सिद्धार्थ—
भ्रमर सदृश हों जिसके कुंचित केश,
हो जिसके हिय में ममता का लेश···"
—कहना था नृप को थोड़ा कुछ और
किंतु हो गया कंठ रुद्ध, असमर्थ !
फिर धर कर दृग जल का निर्मल रूप
लगा प्रवाहित होने भावावेश !

× × ×

अंत:पुर की ओर चले भगवान;
पाकर के संकेत हो लिए साथ
सारिपुत्र औ' मौद्गल्यायन मात्र।
देखा क्रमश: तीन कक्ष कर पार

(विविध विटप-पोतक शोभित चतुरस्र)
प्रांगण-गोमय से सद्य: उपलिप्त,
अलका-पति के विस्तृत चत्वर मध्य
बिखरा हो ज्यों हरित-कांति मणि चूर्ण
धवलित प्रसादों की सुन्दर पंक्ति—
कलरव संकुल शुक सारिका सनाथ,
अमरपुरी का खंड एक अभिराम
इस धरती पर ले आया हो साथ
शेष प्रणय-बल से ज्यों कोई व्यक्ति !
उग आई थी यत्र-तत्र कुछ दूब,
लगे देखने बुद्ध निहार-निहार—
प्रांगण में स्थित वेदी का वह दृश्य,
विरल-अंकुरित ऊसर खेत समान !
उदासीनता थी कण-कण में व्याप्त,
मूर्तिमान था दीख रहा अवसाद,
अन्त:पुर में थी श्मशान की शांति—
नहीं तनिक भी चहल पहल का नाम !

सुन पदध्वनि बाहर आई तत्काल
प्रजापती मानो जंगम कंकाल—
दुबली पतली रूखी सूखी पांडु।
बहे जा रहे थे नयनों से नीर—
बिंदुमाल-अविरल कपोल पथ पांथ;
पिघला-पिघला बहा रही ज्यों स्नेह
दंड दीपिका—मोममयी—दो ओर
चन्दन के त्रिपदी तल पर निर्वात
दग्ध हृदय का अक्षय अंतस्ताप
माप सका है कौन आज तक, हाय !

भिक्षुणी

भगवान् अमिताभ !
देखती हूँ अपने को तभी से विहार में
हुई जब सचेतन
हुई जब समझदार
भगवान् अमिताभ !
तुम्हारे इन चरणों में कब कैसे सौंप गये
मेरे मूर्ख माँ-बाप !
यह नहीं जानती ।
और नहीं कोई, तुम्हीं अब गति हो
भगवान् अमिताभ !
कैसा मनोरम है तुम्हारा यह मुखड़ा !
काया यह तुम्हारी कितनी सुडौल है !
भले ही कुछ दिन—
सुलभ रहा जिसको तुम्हारा यह बाहुपाश
अंकुरितयौवना धन्य वह यशोधरा !
मेरे मूर्ख माँ-बाप
आवेश में आकर
सौंप गये मुझको शरण में त्रिरत्न की !
कहने को मैंने भी तोती की भाँति कहा,—
एक नहीं, तीन बार—
"जाती हूँ आज मैं
बुद्ध की, धर्म की, संघ की शरण में
संघ मुझे शिक्षा दे
संघ मुझे दीक्षा दे
सत्य की, अहिंसा की, अखण्ड ब्रह्मचर्य की ।"
रटाने पर रटती है जैसे मदनसारिका
मैंने भी वैसे रटा है सूत्रपिटक सारा;

तुम्हीं हो साक्षी भगवान् अमिताभ !
हुई कुछ सयानी फिर
तुम्हारा वह मध्य मार्ग समझने का यत्न किया
महायान, हीनयान, सभी मैं जान गयी
किन्तु नहीं जान सकी—
मानव का, मानवी का सहज यान क्या है !
जीवन की यह ग्रन्थि मैं न सुलझा सकी
भगवान् अमिताभ !
मुझ पर कृपा करो
मेरी समस्यापूर्ति, देव तुम्हीं कर दो
वंचित हूँ अवसर दो
देख ली यह अति, वह अति भी देखूँ
तभी तो मेरी
समझ में आयेगा—
तुम्हारा वह मध्यमार्ग भगवान् अमिताभ !

बैठ गयी भिक्षुणी टेक कर घुटने
तीन बार उसने
सादर प्रणाम किया
झुक-झुक अमिताभ को
फिर उठ खड़ी हुई, चारों ओर देखा
हतप्रभ-सी; मानो शिशिर-शशिलेखा !
उसे ऐसा भान हुआ—
बिजन विहार की प्रतिमाएँ शत-शत
मुझी को घूर रहीं !
घंटाकर्ण वज्रपाणि भयानक यक्ष वह
व्यंग्यभरी दृष्टि से उसे ही निहार रहा
वक्रमुख होकर ग्रीवाभंग करके
मानो कुछ क्षण में
करेगा उपहास
मेरे दुर्दैव का
मेरे दुर्भाग्य का !

ऐसा घटाटोप, इतना आडम्बर !
ऐसी आत्मप्रवंचना !—
मूढ़ ही होगा जो न हँसे मुझ पर।
हँसो हे हेरुक !
हँसो हे हेवज्र
हँसो हे भैरव !
हँसो हे दंडपाणि !
शांति का अभिनय उसे ही करने दो;
क्योंकि वह बुद्ध है !
रुदन और हास को रोकना जानता !
देखो तो कैसा सुभग है, स्वस्थ है;
उसके मुखमंडल की आभा अमित है !
(अमिताभ की ओर घूमकर)
अभी तो तरुणी हूँ—
चौंकते युवजन
भिक्षापात्र लेकर जब मैं निकलती
मेरा यह काषाय···
जाने किस-किस को उन्मादित करता
यह मुण्डित मस्तक उत्तेजित करता
कलित ललित कवि को
कोमल कलाकार को
भगवान् अमिताभ !
किन्तु···
किन्तु कौन पूछेगा मुझे कल-परसों ?
गलित होगा यौवन जब
पलित होंगे केश जब
किसी की दृष्टि क्या मुझ पर उठेगी ?
भगवन् अमिताभ, सहचर मैं चाहती
चाहती अवलंब, चाहती सहारा
देकर तिलांजलि मिथ्या संकोच को
हृदय की बात, लो, कहती हूँ आज मैं—
कोई एक होता

कि जिसको
अपना मैं समझती
भले वह पीटता, भले ही मारता
किन्तु किसी क्षण में प्यार भी करता
जीवन-रस उँड़ेलता उर के रिक्त पात्र में;
भूख मातृत्व की मेरी मिटा देता;
स्त्रीत्व का सुफल पाकर अनायास
धन्य मैं होती !
कृतकृत्य होती !
भगवान् अमिताभ, तब,
पूजा के समय पर कितने उत्साह से
घंटा मैं बजाती !
तन्मय हो कितनी, आरती उतारती !
पास ही होता नटखट शिशु खेलता
यदि किसी भद्रमुख प्रतिमा से ढिठाई वह करता,
दिखा-दिखा तर्जनी मैं उसे रोकती !

राम और लक्ष्मण
(विश्वामित्र के साथ)

सरयू के सैकत तट पर आसीन
बोले रघुकुल-कमल-दिवाकर राम,
दृष्टि सुमित्रानन्दन के प्रति डाल
तात, यही है बस अपना सीमान्त।
नदी-पार से होता है आरम्भ
शूर-वीर मागध लोगों का राज्य,
बायीं करवट, वाम बाहु उपधान,
दण्डप्रलम्बित, रखे पैर पर पैर,
डाले दक्षिण कटि पर दायाँ हाथ,
करते हैं गुरुवर थोड़ा विश्राम।
मध्याह्नोत्तर भोजन के पश्चात्—
किसकी झिपती नहीं, बताओ आँख ?
अभी-अभी कुछ ही क्षण के उपरान्त
नदी पार कर हम रक्खेंगे पैर—
उसी भूमि पर; उद्यत ही है नाव।
किन्तु पूछता हूँ मैं तुमसे, वत्स
होगा फिर कब स्वजन समागम, हंत ?
होंगे फिर कब हम अपनों के बीच ?
कहाँ मिलेगा ऐसा सुन्दर देश ?
धन्य हमारा कोसल जनपद धन्य !
सुजल सुफल बहुविध धनधान्य समेत !
लता-गुल्म-तृण-तरु-वल्ली परिव्याप्त !
सरजूजल अभिसिंचित स्फीत समृद्ध !
सुर-नर-मुनि मनमोहन परम ललाम !
कहाँ मिलेगी ऐसी उर्वर भूमि ?
कहाँ मिलेगा इतना सुन्दर देश ?
ऐसी माटी कहाँ मिलेगी वत्स !"

भीतर-ही-भीतर पा कर के क्लेश,
विह्वलता से होकर तब अभिभूत,

दिया अनुज ने उत्तर
"सच है, तात !
नहीं मिलेगा ऐसा सुन्दर देश···
नहीं मिलेगी ऐसी उर्वर भूमि···
धन्य हमारा कोसल जनपद धन्य !
सुजल सुफल बहुविध धनधान्य समेत
लता-गुल्म-तृण-तरु वल्ली परिव्याप्त !
सरजूजल-अभिसिंचित स्फीत समृद्ध !
सुर-नर-मुनि मनमोहन परम ललाम !
नहीं मिलेगी ऐसी उर्वर भूमि—
नहीं मिलेगा ऐसा सुन्दर देश—
कहीं चराचर किंवा त्रिभुवन मध्य,
ऐसी मिट्टी नहीं मिलेगी तात !
धन्य हमारा कोसल जनपद धन्य !
हैं ही यद्यपि हम दोनों के साथ
गाधिपुत्र कौशिक मुनि विश्वामित्र
अति रुचिकर है यद्यपि इनका संग,
यद्यपि होते चलते हैं मालूम—
देश-काल के और पात्र के तथ्य,
सुन-सुन यद्यपि नानाविध आख्यान,
तिल-तिल करके बढ़ता जाता ज्ञान;
फिर भी यह जो अपना अभिजन छोड़;
दूर जा रहे हम पहली ही बार,
सत्य सत्य कहता हूँ, इससे तात !
मुझको तो होती है बहुत कचोट !
याद आ रहे मुझको बारम्बार
वृद्ध पिता के सजल स्निग्ध वे नेत्र !
शिशिरनिशा के हिमाच्छन्न शशि तुल्य—
माताओं के मुँह आते हैं याद !

विदाकाल के वे मर्मान्तिक दृश्य
भूल गए हैं हम जो इतना शीघ्र,
तरुण-सुलभ कौतूहाल था वह हेतु
हुआ न जिससे धैर्य हमारा भंग,
और नहीं कुछ, वही एक था हेतु!
हिला-हिलाकर करपल्लव अभिराम
किया राम ने लक्ष्मण को संकेत
तत्क्षण ही चुप हो जाने के हेतु!
लगा टूटने जब धीरज का बाँध,
शतदल नीलकमल पर से जलबिन्दु
ढुलक पड़े दो बार, श्वास क्रम दीर्घ
नासापुट कम्पित निस्तेज कपोल!
अग्रज की यह दशा देख सौमित्र
हुए और भी व्यथित हुए निःशब्द।

हंसाकृति उस नौका पर आरूढ़
करते सरयू-गंगा-संगम पार
सावधान हो सुनने लगे कुमार···
सरयू उद्गम, तव सुरसरि माहात्म्य—
किस प्रकार गंगा जी की यह धार
भू पर उतरी तज हिमगिरि की गोद?
किस प्रकार पा सके परम पद, हंत,
कपिल-कोप-परिदग्ध सगर-सन्तान?
भागीरथी पड़ा क्यों इसका नाम?
···सुना उन्होंने यह समग्र इतिहास।
मुनि-मुख-पद्म-विनिःसृत सुधा समान,
अपने वंशधरों का यह आख्यान
सुना उन्होंने फिर-फिर देकर ध्यान।
पूर्वजनों का सुन-सुनकर गुणगान,
अरे भरे हैं कभी किसी के कान?

दक्षिण तट से जा टकराई नाव

उतर पड़े उस पर तीनों व्यक्ति
नाविक भी तब पा कर आशीर्वाद
विदा हुआ, तब मुनि ने कहा कि राम,
संमुख हो सुरसरि को करो प्रणाम !
क्या जाने, फिर कब यह पुण्य प्रवाह
हमें मिलेंगे स्नान-आचमन हेतु !
लिए राम ने तब दोनों कर जोड़
मन-ही-मन कर दिया स्तवन आरम्भ…
त्रिविध-तापहारिणि गंगे, तुम धन्य !
देवि तुम्हारी महिमा अपरम्पार !
पाकर तेरे जलकण का संस्पर्श
कट जाते हैं युग-युग-संचित पाप।
हट जाते हैं बड़े-बड़े अभिशाप।
सुर-नर-मुनि-किन्नर-विद्याधर यक्ष—।
कौन नहीं रहता लालायित, हंत,
दरस-परस मज्जन अवगाहन हेतु ?
क्षुधित जनपदों को करते हैं शान्त,
देवि, तुम्हारे ये उर्वर तट प्रान्त !
रिक्त न रहता जग-जननी का अंक,
धन्य तुम्हारा महिमामय यह पंक !
तुम्हें सौंपते आए हैं हम अम्ब,
अपने अपने वंशधरों की अस्थि।
साक्षी है पृथ्वी साक्षी आकाश !
देवि दयामयि, करता तुम्हें प्रणाम !
अनुज-सहित यह सांजलि राघव राम…

जोड़ पाणियुग, हो कर कुछ नतशीर्ष
किए आचमन दोनों ने तत्काल !
मुनि को देख विलम्ब गए कुछ दूर,
लगे टहलने तट पर राजकुमार।
दिखे दिगन्त प्रसन्न, गगन निर्मेघ
कहा राम ने लक्ष्मण से—'प्रिय वत्स,

ऊपर देखो, नभ है कैसा स्वच्छ !
नीरजनील निरभ्र परम रमणीय—
ज्यों हो शरद् प्रकृति का विजय-वितान
सड़ी घास की, सड़े पात की गन्ध,
अधसूखे कर्दम की गीली वास,
ध्यान खींच लाती है भू पर ओह !
धीरे-धीरे बच कर चलना, वत्स !
बिछे पड़े हैं खुर कंटक सब ओर ।
पशुओं के खुर, चरवाहों के पैर,
छोड़ गए हैं अपनी-अपनी छाप
कल, परसों, तरसों, या चौथे रोज;
सो सब परिलक्षित होता है स्पष्ट;
आसपास ही, निश्चय, हैं कुछ गाँव।
क्रमशः घटती क्रमशः होती क्षीण—
इस धारा की शान्त चपल हिलकोर,
देखो लक्ष्मण ! करती है किस भाँति
सिकतामय सितपट पर बारम्बार
ऋजु कुटिला दोनों लिपि का व्यवहार।

हुए निवृत्त, किया इंगित चुपचाप,
आगे-आगे चले महामुनि आप,
पीछे-पीछे दशरथ के दो लाल।
तनिक दूर पर मिला विपिन विकराल—
पग-पग पर थे बिकट झाड़-झंखाड़ !
डग-डग पर थे वृद्ध वनस्पति ठाढ़ !
डालों से लिपटी थी मोटी बेल,
मानो अजगर दिखा रहे हों खेल !
क्षुद्र झींगुरों की अविरत झझकार

रही विधाता को मानो ललकार !
श्वापद उठते थे रह-रह चीत्कार !
सड़ी लाश को आती थी दुर्गन्ध !

दिवस-निशा में था अभेद सम्बन्ध !
धर कर पगडंडी आगे की ओर,
बढ़े जा रहे थे तीनों (ज्यों चोर—
चलते हैं पैरों की आहट मार !
नहीं थूकना खाँसी, नहीं खखार !)

इस प्रकार जैसे-जैसे वे लोग
सकुशल पहुँचे महारण्य के पार।
वहीं ठहर जाने का हुआ विचार···

लक्ष्मण लाए ढूँढ कन्द-फल-मूल !
जल औ' ईंधन ले आए श्री राम !
चकमक पत्थर से निकाल कर आग;
चेता दी गई धूनी बस तत्काल।
किया कुमारों ने व्यालू, जलपान;
हुए स्वस्थ, पथ क्लान्ति हो गई दूर।
हाथ-पैर धो, पीकर पानी मात्र
मृगछाला पर रहे महामुनि लेट।
लगे चाँपने दोनों उनके पैर···
हुई ताड़का की चर्चा आरम्भ···

कहने लगे महर्षि शान्त गम्भीर—
'सुनो दाशरथि इस वन का वृत्तान्त···
महाविकट राक्षसी ताड़का एक,
दस हजार हाथी की जिसमें शक्ति।
इस वन पर है उसका ही अधिकार !
चारों ओर मचा है हाहाकार !
नहीं इधर से आते-जाते पान्थ।
पशु, पक्षी भी उससे रहते दूर।
आसपास के ग्राम निगम देहात
उस दुष्टा ने डाले सभी उजाड़ !
लगा हुआ है कंकालों का ढेर !

राम, देखना दिन में यह अंधेर !
दुर्गम कानन, आतंकित कान्तार,
हमने जो चुपचाप किया है पार,
और नहीं कुछ यही एक था हेतु…'

बाल, वृद्ध, रोगी अथवा विकलांग
नहीं किसी को वह सकती है छोड़ ।
गर्भभार से मन्थर यद्यपि चाल,
पुलकित यद्यपि नव शिशु के प्रति रोम,
फिर भी स्त्रियाँ न पातीं उससे त्राण !
ले लेती है सबके ही वह प्राण।
अशुचि पूति दुर्गन्धि अमेध्य अवद्य
वस्तु-जात से सहजा उसकी प्रीति।
है न भक्ष्य किंवा अभक्ष्य का भेद…

कहते-कहते कथा अनेक प्रकार,
आधी से भी अधिक हो गई रात।
तमसाऽऽवृत अगजग, तृण, तरु निष्पंद।
खग-मृग-उरग सभी निद्रा में लीन
अथवा आतंकित बैठे दम साध !
कोटि-कोटि नक्षत्रखचित आकाश,
अमित नेत्रमय मानो श्याम शरीर…
लगे घूमने होकर परम अशंक
भूत, प्रेत, राक्षस, रजनीचर जन्तु।
वृद्ध वनस्पति की लेकर वह ओट
उगा क्षीणप्रभ प्रिय दर्शन शीतांशु।
कृष्णपक्ष की दशमी का शृंगार,
नहीं हर्ष का कर पाया संचार।
मुनि ने कहा कि सो जाओ अब तात !
आधी से भी अधिक हो गयी रात।

पाषाणी

आम्रवृक्ष की छाया में आसीन
मुनि गौतम थे ध्यानमग्न, ज्यों मीन
पड़ा हुआ हो निद्रा-सुख में लीन
पुष्करिणी के बीच, अचल, निश्चेष्ट।
राम और लक्ष्मण दोनों के हाथ
हुए सम्पुटित, प्रणत-शीश-संलग्न :

'बहुत दूर से महामहिम तव नाम
करता आया इन कानों को तृप्त
किन्तु नयन थे व्याकुल दर्शन-हेतु
आज हुए ये सफल, विप्रकुल-हेतु !'

मन-ही-मन दुहरा कर ऐसी बात
भूरि-भूरि नत होकर भक्तिसमेत
आगे आये दोनों राजकुमार।
शून्यप्राय था आश्रम, व्यस्त कुटीर
यत्र-तत्र तृण उग आये थे हंत !

सारा प्रांगण था संस्कारविहीन।
न तो कहीं पर बिखरे थे नीवार
नहीं कहीं पर वल्कल वा मृगछाल
टँगा पड़ा था; विरल-पुष्प-फल वृक्ष
शीर्णमूल कृमिदष्ट अकाल वयस्क
जिन्हें देख कर यक्ष्मा से आक्रांत
तरुणों का आता था बरबस ध्यान !

आँगन से हट कर कुछ थोड़ी दूर
एक झोपड़ी थी उत्तर की ओर

वहाँ पहुँच कर देखा अद्भुत दृश्य :
भूलुंठित थी नारी प्रतिमा, ओह !
ग्लानि-क्षोभ का वैसा करुण प्रतीक
देख सामने राम रह गये दंग
मुँह से फूटा नहीं एक भी बोल
वहीं धम्म से बैठ गये तत्काल;
हुए हतप्रभ और व्यथित सौमित्र।

स्थिरमति अग्रज को यों चिंतित देख
लक्ष्मण बोले धनुष भूमि पर टेक
'साधारण-सी इस प्रतिमा में, आर्य !
क्या है जिससे हुआ आपको खेद ?'

शांत रहो, बैठो, देखो चुपचाप—
किया राम ने तत्क्षण ही संकेत
रत्नजटित केयूर-बलय से दीप्त
बाहु समेत उठा कर दाहिना हाथ।

निर्निमेष थे उनके दोनों नेत्र
पाषाणी का मुखमंडल था केन्द्र।
इस प्रकार अवलोकन में कुछ काल
बीता। तब कौशल्यानन्दन और
पास आ गये, किया मूर्ति का स्पर्श।
सिर से लेकर तलुवे तक प्रत्यंग
लगे फेरने मनोयोग से हाथ,
यातुधान की लीला-सी वह देह
हाड़ों का वह शिलीभूत संसार
हिला और डोला जब पहली बार,
दाशरथी को हो आया रोमांच
लगे देखने वह लक्ष्मण की ओर
दिया अनुज ने भी उत्तर निःशब्द :
तात, जो कहें, उद्यत है यह दास !

खुली पलक, टिमटिमा उठी फिर दृष्टि
हुए दीप्त सहसा गहरे दृग-कूप,
अधरों पर था स्पंदन का आभास
पुनः कराया कर-पल्लव-संस्पर्श
फिर चमकीं आँखें, फिर फड़के ओठ !

पाषाणी में किया प्राण-संचार
'कौन देव, तुम मेरे हृदयाधार ?
असुर क्रूर, तो सुर होते हैं धूर्त;
क्षणमति होते किन्नर औ' गन्धर्व,
दुर्विदग्ध संशयी, हृदय से हीन
होता मानव, तुम हो उससे भिन्न !
धन्वन्तरि का कर-पल्लव-संस्पर्श
सुनती हूँ, करता अमरत्व-प्रदान
घनश्याम, बतलाओ, तुम हो कौन ?
पाषाणी में डाल दिये हैं प्राण।'

कहा राम ने होकर परम विनीत—
'कोसलेश दशरथ के हम हैं पुत्र,
राम-लखन-से साधारण हैं नाम
किया राक्षसों ने भीषण उत्पात,
पूर्णाहुति तक पहुँच न पाये यज्ञ—
उन दुष्टों का ही करने संहार
महाराज से हमको लाये माँग
गाधिपुत्र कौशिकमुनि विश्वामित्र।
राक्षस मारे गये, हुए सम्पन्न—
विधिवत् सुचिर-समीहित सारे याग,
इन्द्र वरुण अणिमा प्रजापति आदि
सबने पाया अपना-अपना भाग;
पायी हमने मुक्तकण्ठ आशीष······
उन्हीं महाकुलपति का ले आदेश
निकले हैं अब देशभ्रमण के हेतु;

देवि, हमारा दशवाँ दिन है आज
इस कुटिया में ! हुईं आप प्रकृतिस्थ,
अहो भाग्य ! मैं किन्तु पूछ लूँ नाम,
गोत्र और कुल···कैसा यह अभिशाप ?'

'गौतम-दार, अहल्या मेरा नाम
यहीं कहीं होंगे मुनि भी हे राम !
दिया उन्हीं ने मुझको यह अभिशाप:
"परनर दूषित, पुंश्चलि, तेरी देह,
हो जाये निष्पंद कुलिश-पाषाण !
किन्तु, वत्स, तेरे शिर पर रख हाथ
सत्य-सत्य कहती हूँ, परमोदार !
साक्षी पृथिवी—साक्षी है आकाश
हुई नहीं सम्पृक्त किसी के साथ
कभी अहल्या अपने पति को छोड़
धर कर पति के आकृति-रूप-स्वभाव
यदि आवे कोई पत्नी के पास—
कहे
"प्रियतमे, खरतर स्मरशरविद्ध
जर्जर तन, उद्भ्रान्त चित्त है आज
नहीं समाहित हो पाता हूँ ओह !
स्मितमुखि, मेरा ताप करो कुछ शांत···"
और, वही फिर कुछ क्षण के उपरांत
आकर कहे कि "निर्लज्जे, धिक्कार।
छोड़ मुझे रमती सुरपति के संग !!
धारण करके वह मेरा ही रूप
आता है नित, कुलटे, तेरे पास !
रखकर पति की छाती पर जो लात
लेती है परसंगति का आस्वाद
उससे तो वेश्या ही है उत्कृष्ट···"
कहो तात, फिर इसमें किसका दोष ?
सह न सकी मैं मुनि का यह आक्षेप,

लगा टूटने रह-रह कर कोंढ-करेज़
फिर भी किया नहीं मैंने प्रतिवाद,
रोष गरल की भाँति हो गया व्याप्त,
प्रबल ताप से लहू बन गया बर्फ़,
ऐंठी जिह्वा, वाक्य हो गये बन्द—
चेष्टाएँ भी रह न सकीं अ-निरुद्ध
धराशायिनी बनी, वत्स मैं, हंत !
पत्नी के प्रति पति का वह अन्याय
हुई अहल्या जो पाषाणप्राय,
तात, किया तुमने समुचित प्रतिकार।
पुरुषों पर थी मुझको घृणा अपार
भग्न-दीपिका, सूखी बाती और
चिर अवहेलित कुटिया निर्जन प्रान्त :
स्नेहदान का यह अद्‌भुत वृत्तांत
सुन-सुन पुलकित होगा सारा विश्व।
जय-जय हे कौशल्यानन्दन राम
पाषाणी करती है तुम्हें प्रणाम…"

लिए अहल्या ने दोनों कर जोड़
उठ न सकी, इतनी दुर्बल थी; किन्तु
लगा प्रवाहित होने अश्रुप्रवाह।

आँसू उसके उत्तरीय से पोंछ
(श्रद्धा आदर ममता यत्न समेत)
रामभद्र बोले :
'रोवें मत, देवि !
अब न आपको होगा कोई कष्ट।'

'कैसे होगा कष्ट कि भू पर, तात !
विद्यमान हैं तुम-जैसे भी लोग
हरने को तन-मन के सारे रोग—
अभिशप्तों के संकटमोचन-हेतु

चिरंजीव हे रघुओं के कुलकेतु—'
गद्‌गद हो बोली मुनिपत्नी : 'धन्य !
पाकर तेरे करकमलों का स्पर्श
प्राणवंत हो उठा आज पाषाण !'
'नहीं हुई थीं, अंब, आप पाषाण
नहीं हुई थीं, अंब, आप निष्प्राण—
नहीं-नहीं, अन्त:सलिला मरुभूमि—
सदृश आप भी रहीं चेतनापूर्ण ।
उसी समय हो गया मुझे विश्वास—
प्रतिमा है यह नहीं इतर-सामान्य···
अब निश्चित है, पति का अनुचित शाप
अंब, आप में हो न सका संक्रांत—
कैसे छुएँ किसी को कोई शाप
किया नहीं जब सपने में भी पाप ?
था न कलुष-लवलेश, शुद्ध थीं आप।
—किया राम ने घुटने टेक प्रणाम
सपरिक्रम औ' श्रद्धा-भक्ति समेत ।
उठ कर बैठी मुनि पत्नी सायास
(रूखा-सूखा धमनी संतत गात्र
नहीं रक्त का नाम शंख-सम श्वेत)
रघुनन्दन पर रखकर दाहिना हाथ
लघु-लघु बोली, स्वर था अतिशय क्षीण :
'वत्स, राजकुल में पाया है जन्म
कभी बनोगे तुम्हीं कोसलाधीश
फिर चरणों पर नाना दिग्देशीय
अर्पित होंगे शत-शत सुन्दर फूल
(अनाघ्रात अस्पृष्ट सहज कमनीय) !
अन्त:पुर में षोडशियों के मध्य
बिता सकोगे तुम भी फिर दिन-रात
शरद शिशिर मधु ग्रीष्म और बरसात—
नहीं अहल्या याद रहेगी तात !'
हाथों से छू करके दोनों कान

दाँतों तले दबा कर सहसा जीभ
कहा राम ने :

'कहती हो क्या देवि !
जाऊँगा मैं भला तुम्हीं को भूल ?
नहीं जानतीं तुम रघुकुल की रीति
इसीलिए क्या उपालंभ यह हंत' !
छूकर, अम्ब, तुम्हारे दोनों पैर
होता राघव राम प्रतिज्ञाबद्ध :
जीवन भर वह तुम्हें रखेगा याद
नारी के प्रति कभी न होगा क्रूर
नहीं करेगा वह दूसरा विवाह
सदा रहेगा एक पत्निव्रत-शील
चरणों पर जो नानादिग्-देशीय
अर्पित होंगे शत-शत सुन्दर फूल
(अनाघ्रात अस्पृष्ट सहज कमनीय)
नहीं करेगा राघव उनका स्पर्श···
फूल ? फूल, माँ वसुधा के शृंगार
अपने-अपने वृन्तों में संश्लिष्ट
रहकर ही लगते हैं क्या न ललाम ?
कभी न मेरे अन्तःपुर के मध्य
होगा षोडशियों का जमघट व्यर्थ
नहीं करूँगा सपने में भी, अम्ब,
क्रयक्रीत दासी का भी अपमान···
छूकर, देवि, तुम्हारे दोनों पैर
होता हूँ मैं आज प्रतिज्ञाबद्ध !'
सुन कर यह सब, होकर भावाविष्ट
पतली सूखी दोनों बाँह पसार
मुनिपत्नी ने लिया राम को खींच
किया शक्तिभर कस-कस कर आश्लेष···
रहीं लगाये छाती से कुछ देर
फिर बोलीं वह :

'कौशल्या हैं धन्य,
अनुपम रत्नप्रसविनी जिनकी कोख!
महाराज वह दशरथ भी हैं धन्य
तुमसे उज्ज्वल होगा उनका नाम
धन्य अयोध्या हे हो महाउदार,
पाया जिसने तुम-सा राजकुमार
युग-युग जियो दयालु, दीनजनबन्धु,
होगी तुम से प्रजा यथार्थ सनाथ…'
सूँघ लिया मुनिपत्नी ने फिर माथ
और पीठ पर लगीं फेरने हाथ—
बद्धांजलि नतमूर्ध खड़े थे राम।

बहुत-बहुत पाकर शुभ आशीर्वाद।
चले धनुर्धर जनकपुरी की ओर;
अनुगत ही थे सतत सुमित्रापुत्र।

रत्नगर्भ

छिन्नभिन्न विकलांग
भूलुंठित पड़ी थी
अवलोकितेश्वर की रत्नगर्भ प्रतिमा

नीलमणि पद्मराग स्फटिक और वैदूर्य
महामूल्य फीरोजा प्रियदर्शन चन्द्रकांत
स्थूलतम मौक्तिकों की महोज्ज्वल एकावली
निकले महार्धमणि

काँसे की ललित वलित मूर्तियों के पेट से
लेकर जब हथौड़े खिलजी के घुड़सवार
तोड़ने लग गये ताबड़तोड़ मूर्तियाँ
घुसकर विहार में—
देवल विहीन
शून्य देवायतन
नहीं रहा कोई
कि तर्जनी उठाए
अथवा
पट पटाकर हतप्रभ ओष्ठपुट
स्फुट या अस्फुट रीति से मना करे
नहीं नहीं हाथ मत लगाना
अवलोकितेश्वर की रत्नगर्भ प्रतिमा में
नहीं रहा कोई
सैकड़ों भाग गये
दस-बीस पचीस-पचास कतल भी हो गये
हाथ लगी वीर को अपार रत्नराशि
नालन्दा निःस्व हुई
मिट्टी में मिल गई

भाग गये मठों के पंचमकार सेवी
तराई के जंगल, नेपाल और तिब्बत
भर गये उनसे
बस गये वहीं पर
उदंतपुर, धान्यकटक, विक्रमशिला, नालन्दा
अवलोकितेश्वर की प्रतिमा हुई स्थापित
बोधिसत्त्व, मैत्रेय मंजुश्री, अमिताभ
सभी को मिली शरण
तिब्बत की खोह में
सीख लिया भोट ने भारत का कर्मकांड
पंचपात्र, आचमनी, अर्घा, सराई, शंख
स्वर्ण-रजत निर्मित बड़े-बड़े दीपक—
स्थिर और आखण्ड ज्योति
ध्यान और धारणा
सभी कुछ अपना लिया
आग्रह से लामा ने
परिश्रमपूर्वक सीख लीं लिपियाँ
भाषाक्रम सीख लिया, सीख लिया चित्रांकन
भेज-भेज स्वर्णराशि
देवल और दार्शनिक—
सब कुछ मँगवा लिये !
विकृतमुख वज्रपाणि—
विघ्नेश्वर हेरुक—
गणपति हेरम्ब—
विकट वज्र वैरोचन—
यही तो थे द्वारपाल…?
सुरक्षित था इनसे नालन्दा महाविहार !
विद्रूप विकराल इनकी भाव-भंगिमा
बख्तियार खिलजी को बड़ी ही असाध्य लगी
मार-मार मुगदर तोड़ दिये नाक-कान
मँगवा कर छेनी तोंद को झाड़ दिया
उभरे नितम्ब को कर दिया छोटा

काट दी मेखला
बनाकर विकलांग
भू पर लुढ़का दिया
गया जब भीतर
विस्मयविमोहित रह गया देखकर
प्रौढ़ा रमणियों की बिल्वस्तनी मूर्तियाँ
प्रज्ञापारमिता···
दश महाविद्या···
उग्रतारा···
नीलतारा···
सभी थीं मनोरम
कटि में थी मेखला
कानों में मणि थे
तांत्रिकजन कहते हैं जिन्हें त्रिपुरसुन्दरी
सचमुच वही थीं वे
छेनी के सहारे
सहृदय कलाकार ने
उतारकर रख दी थी मृदुता-कमनीयता
काली-कलूटी खुरदरी शिलाओं का
अद्भुत वह रूपान्तर
खिलजी ने चाहा···
—हुथ ! यह तो पत्थर है
शरियत के खिलाफ है उनकी ओर ताकना
बेहतर है इनको चूर-चूर कर दूँ

फिर क्या था बर्बर
टूट पड़े उन पर
पड़ने लगे सत्वर
छेनी और मुगदर
उभरे उरोजों पर
उन्नत नितम्ब पर
बोलते से मुखड़ों पर

कम्बु सम ग्रीवा, क्षीणतम कटिदेश
अविनिंदित कर चरण
सुगठित सुगोल बाहु
सरस-स्निग्ध दृष्टिपात
स्मित भास्वर अधरोष्ठ
उपमाहीन त्रिबली
प्रज्ञापारमिता, दशमहाविद्या
उग्रतारा, नीलतारा
सब पर पड़ी चोट
सभी हुईं विकलांग
खिलखिलाया खिलजी—
छि: यही नालन्दा
यही थे वे आलिम
फैल रही जिनके इल्म की शुहरत
अरबो यूनान तक
तुर्को तातार तक
सुनते ही मेरा नाम
तराई की ओर भागे
चोरदरवाजों से
सूम और हिजड़े
जिनकी इबादत कर पालते थे पेट वे
उन्हें तक छोड़ गये !

सीढ़ियाँ लाँघ कर
पहुँच गया बर्बर
प्रमुख विहार के सज्जित गर्भकोष्ठ में
सामने थी धड़ तक ऊँची एक वेदी
उसी पर अमिताभ थे
कर रही थीं चकमक रत्नखचित आँखें
कनकमय भास्वर शतदल पर खड़ी थी
वह वंकिम प्रतिमा !
चाँदी के बड़े-बड़े दीपक थे द्यु तिपूर्ण

सोने की दीवट पर
अष्टधातु निर्मित पूजापात्र फैले थे
निहित था विधिपूर्वक
नरक और निरोग कस्तूरी-मृगछाला
आसन के स्थान पर
मानो कुछ अवांतर प्रयोजन से पुजारी
गया हो बाहर, आने ही वाला हो !
देखकर यह सब ठिठक गया खिलजी
पड़ गया दुविधा में
चिन्तन की चर्खी लग गई घूमने
खड़ा नहीं रह सका
बैठ गया नीचे
दृग दोनों मींचे
बुदबुदानें लग गया :
जरूरत ही क्या थी तुम्हारे यहाँ रहने की ?
बड़े ही सौम्य हो !
शान्त और स्निग्ध हो
छोड़ गये तुमको अपने ही पुजारी
नहीं देखा, न सुना, ऐसा विश्वासघात !

कि सहसा ध्यान गया
प्रतिमा के दृगों पर
चकमक चकमक—
कर रहे थे दोनों नयनमणि
धनलोभ दस्यु के दिल में, दिमाग पर
बिजली-सा कौंध गया
खड़ा हुआ फुर्ती से उठकर
वेदी पर चढ़ गया—
दिल्लीवाल जूती पहने हुए ही
मार कर ठोकर गिरा दी प्रतिमा
औंधे मुँह गिर पड़े अक्षोभ्य अमिताभ
चूर-चूर हो गये दोनों नयनमणि

बचपन में उसने सुनी थीं कहानियाँ
मगध के विहार की
नालंदीय वैभव की
रत्नगर्भ प्रतिमा की
आज न वह मानेगा
रेती से रेत-रेत पेट अमिताभ का
देखेगा साक्षात् क्या है इसमें !

था नहीं धर्ममूलक खिलजी का आक्रमण
पैशाचिक अर्थलोभ उसमें निहित था
रत्नगर्भ प्रतिमाएँ खींच उसे लाई थीं
कि जिनको तोड़-ताड़
कि जिनको चूर-चार
ले गया मणि-माणिक
लादकर घोड़ों पर वह आततायी
छिन्न-भिन्न विकलांग
भूलुंठित हो गई
अवलोकितेश्वर की रत्नगर्भ प्रतिमा !

□□